Wonderful birds

Wonderful Birds

Wonderful Birds

Wonderful Birds

Wonderful Birds

Wonderful Birds

Wonderful Birds

Wonderful Birds

Wonderful Birds

Wonderful Birds

Wonderful Birds

Wonderful Birds

Wonderful Birds

Wonderful Birds

Wonderful Birds

Wonderful Birds

Wonderful Birds

Wonderful Birds

Wonderful Birds

Wonderful Birds

Wonderful Birds